UNE FÊTE AU BARREAU DE LYON

LA

CINQUANTAINE

PROFESSIONNELLE

DE

M. Paul BRAC de la PERRIÈRE

ANCIEN BATONNIER

LYON

IMPRIMERIE MOUGIN-RUSAND

3, rue Stella, 3

1886

UNE FÊTE

AU

BARREAU DE LYON

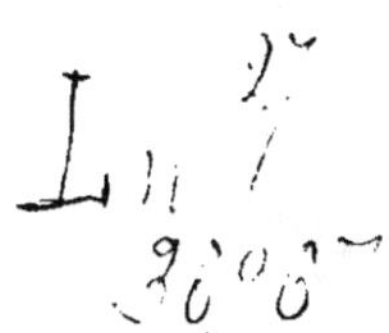

UNE FÊTE AU BARREAU DE LYON

LA

CINQUANTAINE

PROFESSIONNELLE

DE

M. Paul BRAC de la PERRIÈRE

ANCIEN BATONNIER

LYON
IMPRIMERIE MOUGIN-RUSAND
3, rue Stella, 3
—
1886

LA CINQUANTAINE

PROFESSIONNELLE

DE

M. Paul Brac de la Perrière

(Ancien Bâtonnier)

Le 25 novembre 1886, le Barreau de Lyon fêtait le cinquantième anniversaire de l'inscription au tableau de l'Ordre de M. Brac de la Perrière, ancien bâtonnier.

Cent vingt convives étaient réunis autour de ce confrère aimé de tous, grand avocat, grand homme de bien, grand chrétien, qui a honoré sa profession par l'exemple, donné pendant un demi-siècle, d'un talent de premier ordre mis, avec une

rare hauteur de caractère et un désintéressement
admirable, au service des causes justes.

M. Dulac, bâtonnier de l'Ordre, a porté à son
éminent prédécesseur un toast que tous les amis de
ces deux orateurs seront heureux de lire et de conserver.

Ces paroles honorent autant celui qui les a pro-
noncées que celui à qui elles s'adressaient. Les
pensées sont d'un philosophe chrétien, la forme est
d'un orateur et d'un lettré.

Avec une émotion qu'il a fait partager à son auditoire, M. de la Perrière a répondu dans un langage dont on appréciera l'élévation et la pénétrante
énergie. Il a parlé de la vérité, de l'honneur et de la
dignité de l'avocat avec l'autorité de l'homme qui
a pratiqué ce qu'il enseigne.

C'était un spectacle fait à souhait pour les âmes
accessibles aux nobles émotions, que celui de cet
auditoire d'élite, réuni pour honorer une vie con-
sacrée tout entière aux œuvres de charité et à la
lutte pour le triomphe de la justice, et suspendu
aux lèvres de deux orateurs qui exprimaient élo-
quemment les sentiments de ce grand barreau jus-

tement fier de ses glorieuses traditions et de sa chère indépendance.

Voici le discours prononcé par M. Dulac :

Mes chers Confrères,

La mode est, de nos jours, aux centenaires ; mais ces manifestations ont trop souvent un caractère qui ne leur permet pas de plaire également à tout le monde. Les cinquantaines, fêtes plus intimes, ont au contraire le privilège d'unir dans un même élan tous les cœurs et toutes les sympathies.

Quoi de plus touchant que les noces d'or de deux vieux époux, qui, après avoir traversé la main dans la main, toutes les épreuves de la vie, vont, escortés d'une légion d'enfants et de petits-enfants, demander à Dieu une consécration suprême de leur union ?

Plus austères, mais non moins émouvants, sont les cinquantenaires traditionnels du barreau ; et c'est un beau spectacle aussi de voir l'un des nôtres, blanchi sous la robe et comblé déjà de toutes les dignités que nous pouvons décerner, acclamé par les confrères au milieu desquels il a vécu et qui viennent en foule le féliciter d'avoir fourni, non seulement avec la plus haute distinction, mais sans l'ombre d'une défaillance, cette imposante carrière d'un demi-siècle, dont il est donné à si peu d'entre nous d'atteindre le terme !

Aussi met-on partout un pieux empressement à célébrer de tels anniversaires, si rares, et qui constituent le plus grand des enseignements, lorsqu'une si longue carrière représente en même temps un demi-siècle de travail, de dévouement et d'honneur.

M⁰ de la Perrière, c'est le 25 novembre 1836, il y a jour pour jour cinquante ans, que votre nom a été inscrit sur ce tableau, où, pour la gloire de l'ordre, nous espérons bien le voir figurer longtemps encore, avec l'éclat, la considération dont il est à bon droit si universellement entouré !

Il faut que vous me laissiez vous le dire, au risque de blesser votre humilité chrétienne, peu de vies auront été mieux remplies que la vôtre.

Je ne puis, dans une réunion aussi exclusivement confraternelle, louer en vous tout ce qui mériterait de l'être.

Certes, je serais bien sûr de provoquer de chaleureux applaudissements en rappelant, même de la façon la plus discrète, cette charité si active qui a fait de vous le soutien infatigable de tant d'œuvres de bienfaisance, en évoquant le souvenir de vos luttes ardentes pour la liberté de l'enseignement à tous les degrés, en constatant enfin que, plus qu'aucun autre, vous aurez contribué à l'érection de cette

merveilleuse basilique qui traversera les siècles comme
un témoignage impérissable de la foi religieuse de notre
vieux Lyon !

Mais ce sont là des titres à la reconnaissance publique,
et ce n'est pas à nous seulement, c'est à tous vos conci-
toyens qu'appartient ce côté si généreux, si élevé de votre
existence. Celui qui, plus tard, en retracera l'histoire ajou-
tera une belle page aux annales de la cité.

Quant à nous, ce que nous voulons fêter, c'est avant
tout le confrère, l'ancien bâtonnier, que toujours nous
avons vu porter si haut le sentiment de nos droits, de nos
traditions, de notre indépendance et qui nous apparaît
aujourd'hui avec ce cortège incomparable de cinquante
années, durant lesquelles il n'a cessé de nous donner
l'exemple de toutes les grandes vertus de l'avocat, durant
lesquelles, à toute heure, il a honoré notre Ordre par le
talent, par la fermeté des convictions, par la droiture et
la mâle énergie du caractère !

Une vie si digne, si vaillante, méritait à tous égards
l'hommage solennel que nous vous offrons, et, en prenant
à mon tour possession de ce bâtonnat que m'ont récem-
ment conféré de trop bienveillants suffrages, je suis heureux d'avoir à vous exprimer une fois de plus, dans cette
circonstance mémorable, tout ce que nous éprouvons
pour vous d'estime, de respect, de vénération !

Toute dissidence d'opinion s'est effacée parmi nous dès qu'il s'est agi de rendre à ce passé professionnel si pur la justice qui lui était due, et la grande famille du Barreau est unanime à vous présenter par ma voix ses félicitations les plus affectueuses, les plus sincères.

Pour qu'elles vous aillent droit au cœur, vous me permettrez d'y associer cette autre famille plus étroite, dont vous êtes justement fier, à laquelle nous ont unis et nous unissent encore tant de liens de confraternité, et que si souvent nous avons eu l'occasion d'admirer, groupée autour de vous, dans votre chère retraite, comme la couronne de la plus noble et de la plus enviable des vieillesses !

Messieurs, je vous invite à porter tous avec moi la santé quinquagésimale de notre éminent confrère et ancien bâtonnier, Mᶜ de la Perrière.

A ce discours, M. Brac de la Perrière a répondu en ces termes :

Monsieur le Bâtonnier et mes chers Confrères,

Dans cet instant, soyez en convaincus, une pensée chez moi domine toutes les autres ; c'est celle de vous remercier, comme je le voudrais, du nouveau témoignage d'affectueuse estime que vous voulez bien m'accorder à l'occasion du cinquantième anniversaire de mon inscription au Barreau de Lyon.

Je dis le nouveau témoignage ; car il y a 23 ans vous m'avez accordé l'insigne honneur de me placer à votre tête. Il m'avait semblé que cet honneur était le plus grand et le dernier que je puisse envier ; et voici que vous y ajoutez une marque si éclatante et si précieuse de vos sympathies, que si j'étais condamné à choisir au lieu de jouir du privilège de cumuler, j'hésiterais entre la gloire d'avoir été votre Bâtonnier et le bonheur d'être entouré, après un demi siècle, de sentiments pareils à ceux que vous me manifestez aujourd'hui.

Recevez donc, mes chers Confrères, l'expression de ma reconnaissance la plus sincère et la plus vive.

Notre Bâtonnier, dans un langage dont il a le secret, vient de faire un éloge de moi que je ne mérite guère. Il a eu l'art de dissimuler si bien l'exagération, que tout autre que moi pourrait se laisser tromper. Pardonnons-lui cette bienveillance excessive. Pour moi je me garderai de le combattre tant je suis sensible au sentiment qui l'a inspiré. Ce qui vient du cœur, eût-il même passé par dessus la vérité, a droit à tant de respect et de gratitude !

Il a bien voulu me féliciter de la durée de ma carrière et de la constance avec laquelle je l'ai suivie. Sur ces deux points, je ne peux le contredire ; mais je ne saurais me faire l'illusion de croire que je me suis donné les cinquante années que je viens de traverser : Je ne les dois qu'à Dieu ! Comment m'attribuer aussi le mérite d'une constance dont

vous ètes les principaux auteurs, en m'attachant à la profession, par vos exemples et par votre estime?

Lorsque je suis revenu à Lyon avec mes vingt-deux ans,
je dois l'avouer, j'avais la passion de la vérité et de la
justice. Auprès de vous, je les ai trouvées, respectées et
servies mieux que partout ailleurs.

Des hommes éminents par le caractère et par le talent
brillaient alors à notre barre. C'était par fidélité à la vérité
que les Journel, les Genton, les Magneval, les Margerand
et d'autres encore venaient de renoncer à leur carrière de
magistrat, donnant le salutaire exemple, si bien suivi
naguère, de généreux sacrifices faits à de sincères convictions. A côté d'eux, on comptait des hommes plus jeunes,
n'ayant pas encore subi l'atteinte des vicissitudes humaines,
mais animés d'une admirable ardeur pour la vérité. Les
Gilardin, les Humblot, les Rambaud, les Desprez mettaient
leur éloquence à son service. Le grand Sauzet venait de
s'éloigner de nous, emporté par ses éclatants triomphes,
mais nous laissant son impérissable souvenir. Les leçons
données par de tels maîtres étaient de puissants encoura-
gements à servir la vérité. La vérité! je sais qu'on se
permet parfois de dire que nous ne savons pas assez la
respecter : reproche que nous ne méritons pas, car c'est
la vérité que nous voulons faire triompher tous les jours;
elle que nous cherchons dans les lois; elle que nous
demandons au juge; elle que nous traitons en souveraine

dans nos Conseils et que nous appelons comme la meilleure
de nos forces quand nous luttons à la barre. Nous pouvons en être fiers et le proclamer hautement : dans la vie
civile, c'est au barreau que la vérité a ses plus fidèles
interprètes, qu'elle a conservé ses plus fervents disciples
et ses plus dévoués défenseurs !

Quant à la justice, notre constante mission n'est-elle
pas de faire des efforts pour l'obtenir ?... Nous la demandons partout et toujours ; au prétoire, à la tribune, auprès
du magistrat, de la part de l'homme public et jusqu'au
sein des assemblées populaires souvent si mal disposées
pour elle.

L'arène judiciaire et l'arène politique nous sont ouvertes
pour combattre en faveur de la justice, sans que nous
puissions mettre l'une au-dessus de l'autre. Comment
oublier, en effet, la place occupée dans la seconde, par
deux des plus grandes figures du barreau, O'Connel et
Berryer ? Le premier revendiquant la liberté d'un peuple
opprimé ; le second défendant jusqu'à sa dernière heure,
des générations de rois exilés et méconnus. Toutes les
fois que sur le terrain politique, nous verrons nos confrères
lutter pour les vaincus, les calomniés ou les faibles, ne
nous demandons pas à quel parti ils appartiennent, ne
cherchons même pas s'ils obtiennent le succès mérité par

leur dévoûment ; ils agissent noblement, ils augmentent le trésor de nos gloires ; que nos acclamations et nos hommages leur soient acquis !

Vous le voyez, mes chers Confrères, la vérité et la justice sont nos grands éléments de vie, ceux que nous avons à obtenir jusqu'à l'extrémité de notre carrière et à vouloir toujours plus parfaits.

Quand la vieillesse nous arrive, nos forces physiques diminuent, mais celles de l'âme résistent. Pour l'âme, la vérité et la justice se dépouillent peu à peu de leurs voiles et se font mieux connaître de jour en jour. Alors, nous pouvons nous écrier, avec plus de raison que le poète : *Deus, Deus, ecce Deus !* car Dieu c'est la vérité et la justice absolues, et lorsqu'il a été donné de le connaître long-temps sous des formules, on arrive à l'apercevoir dans ses réalités mêmes.

A côté de ces satisfactions intimes et profondes à l'ex-trémité de notre carrière, plaçons en première ligne les affections confraternelles si bien faites pour nous rajeunir. Ce qui vient du cœur a le privilège de conserver et de communiquer la vie. Aussi, mes chers Confrères, laissez-moi vous demander la continuation de votre affectueuse estime. Elle me fait espérer, s'il plaît à Dieu, de lutter encore à vos côtés pour cette vérité et cette justice, fondements de nos grands intérêts et de nos grands devoirs.

Je porte du fond du cœur la santé de vous tous, en y ajoutant le vœu de renouveler cette santé bien des fois et bien longtemps !

Lyon. — Impr. P. Mougin-Rusand, rue Stella, 3.